ALFRED CARTIER

LA POLITIQUE ESPAGNOLE

ET GENÈVE

A L'ÉPOQUE DE L'ESCALADE

GENÈVE, 1903
Impr. du Journal de Genève

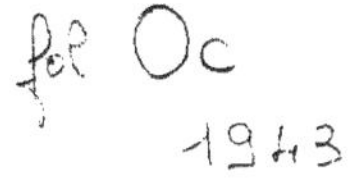

LA POLITIQUE ESPAGNOLE

ET GENÈVE

A L'ÉPOQUE DE L'ESCALADE

L'ESCALADE ! sujet toujours actuel, drame qui restera vivant dans la mémoire de « Ceux de Genève ». Les générations successives ne se lasseront pas d'entendre conter les péripéties de cette nuit d'alarmes, mais aussi de triomphe sur l'ennemi séculaire, apothéose d'une héroïque veillée d'armes qui semblait ne devoir finir que par la ruine de la pauvre cité.

Mais les incidents qui l'ont marquée sont aujourd'hui des faits acquis à l'histoire : un certain nombre de récits émanés de témoins oculaires nous ont conservé le souvenir des diverses phases de la lutte et nous permettent de reconstituer l'action dans son ensemble. Les documents inconnus que pourraient renfermer encore les archives étrangères ou les bibliothèques ne sauraient donc en modifier la physionomie générale et seraient tout au plus de nature à fournir des indications complémentaires sur quelques points de détail.

Si l'événement lui-même ne présente plus de questions essentielles à étudier et à résoudre, il n'en est pas de même de ses dessous diplomatiques, de l'histoire des négociations, des intrigues et des préparatifs qui l'ont précédé. L'Escalade n'est en effet qu'un épisode, le plus célèbre et le plus décisif il est vrai, dans la longue campagne entreprise par les princes de la maison de Savoie contre l'indépendance de Genève. Elle se rattache à toute une politique de perfidies, de machinations et de violences qu'elle synthétise pour ainsi dire, qu'elle fait éclater au grand jour et dont elle a fait pâlir les autres manifestations, de telle sorte qu'elle ne se peut bien juger, dans ses causes et dans ses conséquences, que par une connaissance exacte des menées de Charles-Emmanuel, des agissements de sa diplomatie et de l'accueil que les projets de ce prince ont rencontré auprès des cours étrangères.

Tout récemment, un livre magistral dû à la plume de M. Henri Fazy nous a retracé, dans un ensemble plein de vie, en même temps que d'érudition et de justes aperçus, les grandes lignes de cette histoire, tandis que, dans le même temps, M. le professeur Decrue publiait une excellente contribution à l'etude des relations d'Henri IV avec notre ville.

Il a paru néanmoins à la Société d'Histoire et d'Archéologie qu'elle ne pouvait plus dignement participer à la célébration du troisième centenaire de l'Escalade qu'en prenant l'initiative d'une publication destinée à mettre en lumière les renseignements jusqu'alors inédits, contenus dans les archives étrangères, sur l'action diplomatique de la cour de Savoie et sur l'attitude des principaux gouvernements de l'époque touchant la question de Genève. Les recherches entreprises sous les auspices de la Société, et grâce au concours de généreux amis des études historiques, à Turin, Milan et Rome par notre regretté collègue Emile Dunant, à Simancas par M. Mario Schiff, à Paris par M. le professeur Decrue, à Londres enfin par M. le professeur Borgeaud, ont amené la découverte d'une très importante série de documents qui jetteront un jour nouveau sur la politique européenne dans les affaires genevoises au temps de l'Escalade.

Il convient de laisser à la Société d'Histoire, à ses savants collaborateurs et à son ancien président M. Victor van Berchem, qui a dirigé l'entreprise avec tant de compétence et de dévouement, la satisfaction et le mérite de communiquer au public les résultats détaillés de leur initiative et de leurs recherches. Son Comité, cependant, a bien voulu nous charger d'indiquer brièvement quelques-uns des faits les plus saillants qui se dégagent de cette longue série de pièces si longtemps tenues à l'abri de tout regard indiscret et dont nos propres archives, il n'est pas besoin de le dire, ne renferment pas trace. Nous avons considéré qu'il était de notre devoir de répondre à cet appel pour mieux faire connaître la portée d'un ouvrage qui intéresse si directement notre histoire nationale.

C'est une opinion reçue que la main de l'Espagne a toujours été présente dans les tentatives dirigées au XVIme et au commencement du XVIIme siècle, par les ducs de Savoie contre l'indépendance de Genève. Philippe II, dans sa haine de toute liberté politique et religieuse, avait dû sans doute être l'âme de ces machinations, les seconder de tout son pouvoir, les inspirer même au besoin. Et c'est dans l'espoir de saisir enfin le nœud de ces intrigues que la Société d'Histoire avait visé les Archives royales de Simancas comme l'un des buts principaux de ses explorations. Sa peine n'a point été perdue et les laborieuses recherches de M. Mario Schiff, auxquelles nous sommes heureux de rendre hommage ici, ont eu, pour la connaissance de notre histoire locale, des résultats du plus haut intérêt, mais non point ceux qu'il semblait permis d'en attendre.

Genève, il est vrai, a beaucoup occupé Philippe II ; le nom de Genève, « l'entreprise de Genève » reviennent sans cesse dans les dépêches du roi ou dans celles de ses représentants en Italie. En bon catholique et en bon autocrate, Philippe ne pouvait faire moins que de souhaiter la chûte de la cité maudite, repaire de toutes les hérésies, mais sa conscience une fois mise en repos par ces vœux platoniques, il s'en est généralement tenu là, et bien loin d'avoir poussé aux résolutions décisives, il n'a guère cessé, pour des raisons de politique générale, de refréner l'ardeur exaspérée de notre implacable adversaire, ou même de s'opposer nettement à ses projets.

Tel est le fait capital qui résulte de l'étude des documents recueillis par les collaborateurs de la Société d'Histoire. Il vaut la peine de préciser cette attitude imprévue de la politique espagnole et d'en rechercher les causes.

Charles-Emmanuel Ier, onzième duc de Savoie, avait dix-huit ans lorsqu'il prit la succession de son père, le grand Emmanuel-Philibert, vainqueur à Saint-Quentin, restaurateur de ses états. Aventureux, versatile et passionné, Charles-Emmanuel est en même temps le type achevé de ceux que Thiers a définis d'un mot : les princes-loups de la maison de Savoie. Son ambition est sans bornes, elle est prête à se satisfaire n'importe comment et contre n'importe qui, pourvu qu'il en résulte à son profit un accroissement de puissance et de domaines. Elle est une cause d'inquiétude perpétuelle pour ses voisins, de trouble pour l'Italie. Mais Charles-Emmanuel nourrit trop de desseins, il veut trop de choses et trop de choses à la fois, il passe sans cesse d'un projet à un autre, si bien que la plupart d'entre eux s'en iront en fumée.

Il veut reconquérir sur le Turc Chypre et Jérusalem, mais il convoite aussi le Montferrat et cherche à l'enlever au duc de Mantoue. En 1588, il profite des troubles de la Ligue pour se saisir, aux dépens de la France, du marquisat de Saluces, qu'Henri IV lui fera payer cher, dix ans plus tard, au prix de la Bresse, du Bugey et du Valromey. Au moment même où il est en guerre avec Genève, où il devrait, semble-t-il, concentrer toutes ses énergies sur ce point capital, il attaque le Dauphiné et la Provence, car il prétend reconstituer à son profit le royaume d'Arles. Plus tard encore, il rêve la couronne impériale, se ligue avec l'Espagne contre la France, avec la France contre l'Espagne, et meurt en 1630 du chagrin de n'avoir pu s'emparer du Montferrat d'où l'ont repoussé les armes françaises.

Mais ce qu'il veut surtout, c'est Genève ; il la veut avec une passion et un acharnement qui tiennent de l'idée fixe. Il va, durant cinquante années, fatiguer de son projet et de ses intrigues toutes les chancelleries d'Europe, de Rome à Paris, et de Madrid à Vienne, mais autant par ses fautes que par le courage, l'énergie et la vigilance de ceux auxquels il a voué une haine mortelle, la proie lui échappera toujours à l'instant où il croira la saisir.

Il a pour allié, ou plutôt pour protecteur, le prince invisible et caché, profond en ses calculs, secret en ses desseins qui, du fond de l'Escurial, dirige les destinées de l'empire sur lequel le soleil ne se couche jamais. Ce solitaire a son rêve lui aussi, le rêve de la domination universelle, mais il n'aime pas la guerre et se tient à l'écart des champs de bataille ; il a moins confiance dans l'habileté de ses capitaines et la valeur de ses vieilles bandes tant de fois victorieuses, que dans les combinaisons infaillibles de sa politique, la plus personnelle, la plus impénétrable, la plus ténébreuse qui fut jamais. C'est en vain cependant qu'il consumera, dans un écrasant labeur, tous les instants de sa vie à la poursuite de la chimère, en vain qu'il épuisera les trésors des Deux Mondes, qu'il fera couler comme de l'eau le sang de ses sujets, qu'il aiguisera les poignards, allumera les bûchers et dressera les échafauds : son œuvre d'oppression et de mort est condamnée et lorsqu'après quarante-trois années de règne, il s'en va rejoindre, dans les caveaux de son palais, ses ancêtres les rois catholiques, la puissance espagnole n'est plus qu'une façade et le déclin commence.

Philippe II connaît bien le duc savoyard. Ses représentants en Italie l'ont renseigné ; il n'ignore ni l'humeur aventureuse et changeante, ni le peu de jugement et de pondération de l'ennemi des Genevois. Le grand défaut du prince, écrit dès 1581 l'ambassadeur d'Espagne à Turin, est d'aimer par dessus tout les nouveautés. « Je m'efforce, ajoute le baron Sfondrato, de le calmer et de lui ôter le goût des choses d'autrui ». L'euphémisme est charmant. Don Joseph de Acuna, successeur de Sfondrato, est plus explicite encore : « Le duc est peu capable, mande-t-il à son maître en 1589, au fort de la guerre de Genève ; tout va à la française, il ne décide rien et n'agit pas, l'argent manque, ce qu'il a, il le dépense avec des Français qui le trompent, les provisions de bouche et les munitions font défaut ; il est à court de soldats et ceux qu'il a ne valent rien ». Et pour définir la politique ambitieuse autant que brouillonne de Charles-Emmanuel et de ses conseillers, l'ambassadeur trouve une comparaison piquante, toute empreinte de la hauteur castillane : « Ces Savoyards croient pouvoir s'emparer de tout et s'imaginent noyer la terre en jetant une goutte d'eau sur chaque partie du monde ».

Le roi catholique n'a donc aucune confiance en son partenaire. C'est un enfant qui peut lui servir à l'occasion, mais qui doit le servir aveuglément ; il entend le pousser à sa guise sur le vaste échiquier où il a engagé la partie qui décidera du sort de l'Europe et dont Genève n'est qu'une des moindres cases. Si, en 1585, il accorde à Charles-Emmanuel la main de sa fille, l'infante Catherine, c'est qu'il espère avoir dans son gendre un fils soumis et obéissant, se faire un allié fidèle du côté de la France et assurer à ses troupes de Milan la sécurité du passage des Flandres, c'est enfin que le duc menace d'épouser la sœur du Béarnais.

Charles-Emmanuel a cru, d'autre part, conclure par cette illustre alliance un marché avantageux. Il voyait déjà ses ambitions réalisées et comptait sur l'appui moral comme sur le concours effectif du puissant roi dont il devenait le proche parent pour accroître la grandeur de sa maison, le seconder dans ses projets de conquête et surtout lui donner les moyens d'étendre la main sur Genève.

Il en fallut bientôt rabattre et la déception fut profonde. Le duc ne voit que Genève, mais le roi voit l'Europe où s'agitent tant d'intérêts contraires, où les forces se balancent, où protestants et catholiques sont toujours prêts à se ruer les uns sur les autres dans une mêlée furieuse. Toucher à Genève, c'est se heurter à la France qui, par le traité de Soleure, a garanti l'indépendance de la ville, c'est obliger les Bernois à marcher, c'est mettre en mouvement les huguenots français qui feront tout pour sauver leur citadelle et leur refuge, c'est exaspérer enfin les princes protestants d'Allemagne qui ne manqueront pas de répondre à la provocation en appuyant la révolte des Pays-Bas, cette plaie béante par où s'écoulent tout l'or et le sang de l'Espagne.

Attaquer Genève à force ouverte, c'est donc risquer une guerre générale et le roi catholique qui, à bout d'hommes et d'argent, déjà plie sous l'effort des Hollandais, ne peut se résoudre à engager ce formidable enjeu.

Alors commence, entre le gendre et le beau-père, une comédie en vingt actes divers dont le spectacle eût réjoui les Genevois d'alors en exaltant leur courage. C'est à leurs descendants qu'il était réservé ; ils y prendront plaisir.

Chaque année, le duc annonce au pape et au roi catholique que les circonstances n'ayant jamais été plus favorables, la ville dénuée de ressources et les intelligences établies au cœur de la place, il va tenter « l'entreprise de Genève ». C'est une affaire faite s'il obtient le concours de ses deux puissants protecteurs, car ses propres ressources sont insuffisantes. On s'empresse de déclarer, à Rome comme à Madrid, que l'entreprise est sainte, mais le pape — c'est Grégoire XIII — ajoute qu'il ne peut la favoriser que de ses bénédictions ; les temps sont durs et ses constructions le ruinent. Sixte-Quint, son successeur, se montre plein de zèle pour un projet si louable : à la bénédiction apostolique, il ajoutera cent mille écus « après que le duc sera entré dans la ville ». Charles-Emmanuel dut penser non sans amertume qu'il se trouvait des gascons ailleurs encore que dans le pays du Béarnais. « Le pape, s'écriera-t-il un jour, se moque de moi ; il n'est prodigue que de bénédictions ».

Philippe II a promis dès longtemps aide et secours : il fournira des subsides et fera marcher au moment opportun les troupes du Milanais, mais les circonstances lui semblent peu propices. Il conviendrait, pour le succès même de l'entreprise, de la remettre à l'année suivante : la saison est fort avancée ou bien, au contraire, les nuits sont trop courtes, les Genevois sont sur leurs gardes, il y a des reîtres dans le voisinage, les galères de Gênes qui amènent des troupes en Italie ne sont pas arrivées. Au surplus, comme le fait remarquer très justement M. Schiff, le roi a subordonné son concours à trois conditions, choisies avec une habileté consommée et qui vont merveilleusement servir sa politique dilatoire :

Le duc devra pouvoir compter sur l'appui manifeste du pape, en hommes et en argent.

Les Français devront être en discorde et si occupés de leurs propres affaires qu'ils ne puissent se mêler de celles des autres.

Il ne devra point y avoir de garnison étrangère dans la ville.

C'était demander à Charles-Emmanuel la solution de la quadrature du cercle, d'autant plus que le roi demeurait seul juge de la réalisation simultanée des conditions qu'il imposait. Elles ne furent jamais remplies à son gré et ni les plaintes, ni les supplications de son gendre, non plus que celles de l'Infante ne purent fléchir son immuable détermination. Philippe II eut pour exécuteurs de ses volontés ses représentants en Italie, le gouverneur du Milanais, l'ambassadeur d'Espagne à Turin, l'ambassadeur à Rome. Fidèles serviteurs du maître, formés par lui, instruits de ses desseins, ils avaient deviné sa secrète pensée : payer le duc de promesses et de bonnes paroles, mais agir le moins possible. Le gouverneur de Milan, d'ailleurs, qu'il s'agisse de don Sanche de Guevara ou de son successeur le duc de Terranova, est aux prises avec des difficultés sans cesse renaissantes : l'argent manque, l'ambition du duc de Savoie agite et inquiète les autres princes italiens. Il y aurait donc imprudence à dégarnir de troupes le Milanais, alors que les Grisons, soudoyés par Venise, tenteraient probablement une diversion en faveur de Genève. Mais c'est surtout la question de la route des Flandres qui préoccupe le roi et ses ministres. Il faut à tout prix conserver ce passage qui permet aux renforts espagnols d'atteindre les Pays-Bas depuis le Milanais. C'est l'artère vitale dont la coupure entrainerait la perte définitive des Flandres, et c'est là qu'il faut chercher la clé de la politique de Philippe II à l'égard de Genève. Sans doute, il pourrait lui être avantageux de voir cette ville aux mains de son gendre, la sécurité du passage, toujours assez précaire, en serait mieux assurée, mais pour atteindre le but, il faut risquer la guerre générale à la faveur de laquelle la France, les Bernois ou les princes protestants d'Allemagne pourront intercepter les convois, et le moindre retard dans l'arrivée des secours que le roi ne cesse d'envoyer à ses généraux aux prises avec les rebelles du Nord serait fatal aux armes espagnoles.

Il faut donc essayer de s'emparer de Genève, mais par la ruse, par les négociations, par les intelligences, et non à force ouverte. « Prendre Genève sans courir de risques serait un grand coup », toute la politique de Philippe II est dans cette phrase de l'une de ses dépêches au gouverneur du Milanais, le duc de Terranova.

Mais celui-ci n'ignore pas qu'il y a des risques à courir, d'autant plus qu'il ne fait nul crédit au caractère ni à l'habileté du duc, de ses conseillers et de ses généraux. Il restera donc en deçà des intentions de son maître, plutôt qu'il ne les interprétera dans un sens extensif, et si une seule fois, en 1589, il se décide à faire marcher des troupes au secours de Charles-Emmanuel, c'est que le péril est grand et que le duc, déjà aux prises avec la France, risque de se voir enlever par les Genevois et les Bernois ses états de Savoie. Mais en même temps, les ordres donnés au commandant espagnol, don Juan de la Cueva, sont formels : il devra se borner à aider le duc à défendre son territoire, mais ne prendra part en aucun cas à une attaque directe contre Genève ou contre le pays de Vaud.

Ces instructions, exécutées à la lettre malgré les efforts désespérés du duc, et qui furent peut-être le salut de notre ville, reçurent l'approbation du roi. En même temps qu'il exprimait sa pleine satisfaction à Terranova, Philippe II adressait à son gendre, par l'intermédiaire de l'ambassadeur d'Espagne à Turin, une note presque comminatoire : « L'affaire de Genève se présente en ce moment sous le pire aspect et le duc doit agir avec prudence, les conditions tant de fois énumérées comme indispensables pour rendre utile le secours de l'Espagne n'étant aucunement remplies. *Que le duc ne pense pas que son audace entraînerait la prudence du roi,* lequel pris par tant de côtés ne peut rien pour lui actuellement et ne saurait d'ailleurs lui venir en aide dans une entreprise tentée contre son avis ».

On s'explique dès lors la hâte avec laquelle, à peine le pays de Gex reconquis par Charles-Emmanuel, Terranova rappelait les troupes espagnoles qui avaient assuré le succès de la campagne. Quelques semaines plus tard, les Genevois reprenant l'offensive, enlevaient Gex et le fort de Versoix. Ils venaient de briser ainsi le cercle de fer dans lequel le duc menaçait de les enfermer et pouvaient respirer désormais.

Telle a été la politique de Philippe II dans la question de Genève, politique toute de prudence et de réserve, étroitement liée à la situation générale de l'Europe et qu'il devait léguer à son successeur. L'état des choses aurait pu changer en effet à l'avénement de Philippe III, en 1598, et il eût même été naturel de penser qu'un prince jeune, plus ardent et moins expérimenté, eût embrassé résolument la cause savoyarde qui était en même temps celle de la catholicité tout entière.

Mais l'action personnelle exercée par le grand roi avait été trop profonde, il avait trop marqué son passage pour que la diplomatie espagnole pût sortir ainsi brusquement de la voie qu'il avait tracée. Ceux qu'il avait façonnés à son image et formés à son école deviendront les conseillers écoutés de son fils tenu jusqu'alors soigneusement à l'écart des affaires et que ni son caractère ni son éducation n'avaient préparé aux devoirs et aux responsabilités du gouvernement. Ceux-là donc continueront, en élèves dociles mais médiocres et bornés, la politique inaugurée par Philippe II et, sur la question de Genève en particulier, ils ne changeront rien à l'attitude expectante, réservée et fuyante dont le maître leur avait enseigné la formule.

Ils l'accentueront même, semble-t-il, au-delà de ses propres intentions et l'on sera frappé, en parcourant le dossier de Simancas, du désarroi, de la faiblesse et de l'hésitation que la correspondance diplomatique permet de constater dans la politique du cabinet de Madrid à l'époque de l'Escalade. Jamais cependant la fermeté unie à la prudence, la continuité dans les desseins et dans l'action ne seraient plus nécessaires, car les événements ont marché et la situation, déjà difficile dans les dernières années du règne de Philippe II, s'est encore aggravée : les Provinces-Unies, continuant l'œuvre libératrice du Taciturne, vont bientôt contraindre l'Espagne à signer la trève de douze ans et la France enfin pacifiée se dresse unie et menaçante sous la conduite d'un grand capitaine et d'un profond politique.

Le rêve de la monarchie universelle a vécu ; il ne faut plus songer qu'à garder ce qu'on l'on a, se maintenir sur la défensive et ne pas soulever de questions dangereuses, dont la guerre pourrait être la conséquence. C'est donc, moins que jamais, le moment de s'embarquer dans une aventure comme celle de Genève : Henri IV s'est déclaré hautement le protecteur de la ville et la couvre de son épée, quitte à la garder pour lui s'il peut obtenir le consentement de Messieurs des Ligues suisses, ses bons amis et alliés.

Sans doute, l'ambassadeur d'Espagne à Turin, don Mendo Rodriguez de Ledesma se montre, plus que ses prédécesseurs, favorable aux projets de Charles-Emmanuel. Il les appuie même parfois auprès de son gouvernement, il dénonce l'ambition et le prestige grandissant du roi de France, mais on n'écoute pas à Madrid cet homme dangereux qui propose sérieusement d'enlever le pays de Vaud aux Bernois pour obtenir ainsi un passage plus sûr de Milan vers les Flandres.

Sans doute aussi, à propos de quelque prétendu sacrilège commis par les Genevois dans le voisinage de leur ville, Philippe III lui-même engage-t-il le pape à se mettre à la tête d'une expédition pour le succès de laquelle il l'aidera de toutes ses forces, « car il a senti le poids de sa responsabilité envers Dieu et compris combien il importait de détruire cette sentine d'hérésie, qui est une offense à toute la chrétienté. Pour la défense de la foi catholique, il offrira tout ce qu'il possède et jusqu'à sa personne ».

Mais : *verba et voces*. On ne risquera pas une guerre entre l'Espagne et la France pour quelques croix brisées et le pape Clément VIII, conquis par le charme vainqueur de Henri IV, déclare que la violation de la paix ne saurait être d'aucun avantage, ni pour le duc de Savoie, ni pour la chrétienté.

Aussi, lorsque Charles-Emmanuel tentera sa folle équipée, ce sera livré à ses seules forces et contre le gré du pape et de la cour de Madrid. Fuentes, le gouverneur du Milanais, qui veut bien prendre Genève, mais au seul profit de l'Espagne, a refusé tout concours sans l'ordre exprès de son souverain et le conseil réuni à Valladolid pour délibérer sur la demande du duc, déclare qu'il soupçonne celui-ci de colorer l'affaire pour entraîner le roi, que sa Majesté a besoin de toutes ses forces pour les Flandres, qu'il ne manquera pas de gens empressés à saisir ce prétexte pour créer des difficultés et que la prudence est plus que jamais de saison.

Mais d'Albigny n'a-t-il pas garanti le succès de l'entreprise ? Il tient la ville dans sa main ; que le duc se montre seulement et ne laisse pas échapper l'occasion. D'ailleurs son Altesse, qui ne supporte guère la contradiction, « éclate de colère » devant le refus de Fuentes.

Emporté par la passion, poursuivi par l'idée fixe, Charles-Emmanuel partira donc. Il réussit pour quelques heures à dépister l'ambassadeur d'Espagne qui fait courir après lui, trop tard pour l'arrêter : le duc a déjà franchi les Alpes. On sait le reste et comment Genève répondit à l'insulte.

Si l'aventure, conclut philosophiquement Ledesma dans une de ses dépêches, peut apprendre à son Altesse à savoir ce qu'elle fait, le mal ne sera pas grand, et il se hâte d'ajouter que les quelques compagnies espagnoles campées en Savoie n'ont pas bougé ni pris aucune part à l'action.

Il est temps de conclure : Le maintien de l'indépendance de Genève, qui semble à cette époque un miracle perpétuel au milieu de tant de périls, en présence de l'hostilité des uns, de l'attitude équivoque des autres, parmi les puissants voisins qui l'entourent, est dû sans doute en bonne partie à l'admirable constance, au dévouement absolu à la patrie qui caractérisent les Genevois d'alors.

Mais tant d'efforts et tant de sacrifices n'eussent pas suffi peut-être. Il y fallut les fautes accumulées par leur principal adversaire qui ne sut apporter ni suite dans ses desseins, ni préparation suffisante dans ses entreprises. Il y fallut surtout la volonté persistante de Philippe II de subordonner la question de Genève et les intérêts de son gendre aux conditions de la politique générale. Le roi catholique s'est exagéré, croyons-nous, les conséquences du coup de force auquel il n'a jamais pu se résoudre. Il n'est pas certain que la France, alors en proie à la guerre civile, eût pu intervenir à temps ; il est permis de douter que les Bernois, bien dégénérés de leur antique valeur, eussent pris fait et cause pour ceux qu'ils avaient juré de défendre. Leurs chefs ne venaient-ils pas de signer lâchement l'abandon de Genève ? Il n'en avait coûté à Charles-Emmanuel qu'une somme de quelque trente mille écus pour acheter les consciences des négociateurs du traité de Nyon. Enfin, les princes allemands affectionnés à la ville étaient bien éloignés pour agir et bien embarrassés eux-mêmes pour en trouver les moyens.

Mais d'autre part, la révolte des Pays-Bas, enfoncée comme une écharde dans le flanc de l'Espagne, paralysait partout ailleurs l'action politique et militaire de Philippe II, épuisait ses ressources, le réduisait à la défensive et l'obligeait à concentrer sur ce point vital tout l'effort de la monarchie. En engageant pour l'indépendance de leur pays la lutte héroïque qui restera l'une des grandes pages de l'histoire, Guillaume-le-Taciturne et les continuateurs de son œuvre ont du même coup sauvé Genève et assuré sa liberté.

Ces causes générales qui entraînent les destinées d'un peuple ne peuvent être clairement aperçues que par la postérité ; dans le tumulte des événements, les difficultés de l'heure présente et l'enchevêtrement des situations, elles demeurent cachées aux contemporains. Nos ancêtres cependant ont eu le sentiment profond de l'action de ces puissances supérieures à toutes les vaillances et à toutes les énergies, et c'est pourquoi ils ont gravé cette inscription sur la clé de l'une des voûtes de leur maison de ville :

Pugnate pro aris et focis, liberavit vos Dominus XII die decembris 1602.

Combattez pour vos autels et pour vos foyers, le Seigneur vous a délivrés le douze décembre mil six cent deux.

www.ingramcontent.com/pod-product-compliance
Lightning Source LLC
LaVergne TN
LVHW012020170826
845678LV00004BA/1584

9782329615578